~~¿Quién soy?~~

¿Quién dice Dios que soy?

Breanna Williams

Este libro está dedicado a mi madre, JoAnn Gulley, y a mi hermano, Stephen "Dion" Williams Jr. Gracias por su ánimo y apoyo.

Con amor, Bree

Un amable recordatorio antes de empezar

Entiendo que pienses que esta página no es del todo necesaria, pero te pido amablemente un momento de tu tiempo.

¿Puedes respirar hondo, dejar a un lado cualquier idea preconcebida y abrir tu corazón a lo que Dios tiene reservado para ti? Estás entrando en un espacio acogedor donde puedes escuchar, observar, recibir y reflexionar. No existe lo bueno ni lo malo, sólo oportunidades de crecimiento.

Así que te invito a que te tomes un momento para reflexionar y apreciar dónde estás, y comencemos juntos en este viaje.

¡Vamos a ello!

La señal que buscas está en los demás

"Dios, envíame una señal."

Me he dado cuenta de que los signos o mensajes de Dios suelen llegar a través de las personas. La Biblia ofrece numerosos ejemplos, como los muchos profetas que Dios envió para enseñar, liberar y advertir a los hijos de Israel.

Mardoqueo ayudó a Ester proporcionándole información y orientándola sobre cómo dirigirse al rey para salvar a su pueblo (Ester 4).

Jonatán ayudó a David a escapar de su padre, el rey Saúl (1 Samuel 20).

Juan el Bautista fue enviado para preparar el camino a Cristo (Isaías 40:3; Mateo 3:3).

María Magdalena fue enviada para informar a los Apóstoles de que Cristo había resucitado (Juan 20:11-18).

Pedro fue enviado a Cornelio, Felipe al etíope eunuco y Ananías a Saulo, que más tarde se convertiría en Pablo (Hechos 10; Hechos 8:26-40; Hechos 9:10-19).

Pide a Dios discernimiento y guía para reconocer a los ayudantes que te envía. La vida es demasiado abrumadora para manejarla solo, y la gran noticia es que no tienes por qué hacerlo. Yo no tendría los conocimientos, la confianza y los fundamentos que tengo hoy si no fuera por los mensajeros que Dios ha enviado a mi camino.

¡Gracias por darme la vida y enseñarme a reconocer que soy un Hijo del Rey!

Tu reflexión

¿Podrías detenerte un momento y viajar atrás en el tiempo? ¿Quiénes fueron las personas que caminaron a tu lado, ofreciéndote su apoyo y guía?

¿A quién ha enviado Él recientemente?

Comprendo que tus circunstancias actuales pueden no ser ideales, pero ¿podemos reconocer el profundo impacto de estas manos amigas en nuestras vidas?

Dios nos utiliza para ayudar a los demás.

No tienes por qué hacerlo solo

Tu percepción del Padre

Hablo desde mi experiencia, y puede que tú sientas lo mismo.

La forma en que yo veía a Dios me dificultaba aceptarle y confiar en Él. Mi percepción de Dios era que era un anciano con una larga barba sentado en el trono y vigilando todos mis movimientos. Cada vez que cometía un error

¡Zas! (Consecuencia)

¡Zas!

¡Zas!

Pero cuando por fin me encontré con Él cara a cara y me senté a sus pies, me di cuenta de lo amoroso y preocupado que estaba realmente por mí.

Los Zas que yo llamaba consecuencias no venían precisamente de Dios; eran la cosecha de semillas que yo había sembrado. Por ejemplo, tuve una relación con un tipo que, literalmente, me dijo que no se amaba a sí mismo. Como consecuencia, me trató mal (historia real).

Mi Padre nunca quiso eso para mí porque nos enseña literalmente cómo debe ser un matrimonio sano (Mateo 22:34-40; Efesios 5:28-33).

Otra razón por la que me costaba confiar en Dios era que no entendía qué se sentía el tener un padre cariñoso. Mi padre no había formado parte de mi vida, y me era complicado intentar ver a Dios como mi padre.

A medida que sigas descubriendo cómo te describe Dios, verás lo importante que eres para Él y cuánto te ama realmente.

Mi relación pasó de llamarle

Dios

Padre

Papá

Papi

Dada (Abba, Romanos 8:15)

Él es mi Dada. Y ha sido la mejor relación padre-hija que he tenido nunca.

Tu Afecto

¿Cómo ves a Dios?

¿Cuál es tu percepción del Padre?

"¿Quién soy yo?"

Es una pregunta bastante habitual, y te sorprendería saber que a muchas personas les cuesta responderla.

Cuando alguien te dice: "Háblanos de ti", puedes sentirte inclinado a contar sobre tu ocupación, estado civil, situación parental, edad, estudios, lugar de origen y aficiones.

Por ejemplo, puedes decir: "Crecí en Arkansas y serví en la Marina durante doce años. Soy profesora, autora y presentadora de podcasts. Mi marido se llama James y tenemos dos hijos, Jamie y Bryan. Me gusta ir de excursión, aprender cosas nuevas y probar culturas diferentes. Mi comida favorita es el sushi".

¿Te suena?

Es la típica introducción que todos utilizamos para iniciar una buena conversación.

Pero... ¿eres realmente así?

Muchos de nosotros pasamos años en la universidad,

nos retiramos del ejército y tenemos varios títulos e iniciales antes de y después de nuestros nombres. Tenemos años de experiencia, éxito, dinero y una familia, pero aún así sufrimos una profunda tristeza

y un vacío. Un vacío que, hagas lo que hagas, nunca podrás llenar.
Y ese vacío es no saber quiénes somos. No tener una respuesta a "¿Quién soy?". Estar confundido entre lo que la gente ve o dice de ti y lo que tú crees de ti mismo.

La identidad es lo que "crees" de ti mismo.

Entonces, ¿de qué o de quién provienen tus creencias?

Mi identidad estaba ligada a los doce años de sangre, sudor y lágrimas que pasé construyendo una exitosa carrera en la Marina. Navegaba buques de guerra, entre otras cosas impresionantes; era experta en la materia, dirigía equipos, prevenía y solucionaba problemas, y era alguien fiable. Había ascendido en el escalafón, superado muchos retos y me había hecho un nombre.

Pero cuando lo pienso realmente, mi identidad era no mi título. Era mi perseverancia, mi voluntad de no rendirme nunca, mi garra, mi lucha, mi fuerza y mi orgullo de no dejar nunca que me vieran llorar.

Pero, ¿de dónde surgió la idea de no dejar nunca que me vieran llorar? ¿Por qué creía que tenía que ser tan fuerte? Sin palabras, me lo enseñaron las mujeres de mi vida porque no tenían más remedio que ser fuertes.

Aprendí de su experiencia y me dije a mí misma: "Nadie va a venir a ayudarte. Si quieres que se haga bien, debes hacerlo tú misma.

Oír esas afirmaciones y verlas repetidas una y otra vez hasta que mi alma las adoptó y las grabó a fuego en mi ser. Aprendí que era yo contra el mundo.

Me gradué en el instituto en mayo y estuve en el campo de entrenamiento en agosto de 2009. Inmediatamente me di cuenta de que la vida que elegí no era para los débiles de corazón, y a lo largo de los años fui añadiendo capas de piel y toneladas de peso emocional. No quiero aburrirte con todos los detalles, ¡pero mi carrera en la Marina fue una mierda! Lo que yo creía que era fortaleza era en realidad miedo, y no tenía dónde expresarlo porque todo el mundo a mi alrededor padecía la misma enfermedad y estaba en la misma situación: sufriendo en silencio, llamándolo fortaleza y llamándolo normal.

Mis dos últimos años en la Marina fueron los peores, y me derrumbé. Dicen que sabes cuándo ha llegado el momento de separarte del ejército. Me separé a los once años y sólo me quedé doce años y dos meses porque tenía que cumplir el tiempo de mi contrato. Once años. Durante los doce meses restantes, estuve arrastrándome por el infierno para llegar a la meta.

Odiaba mi vida. Pero al menos me pagaban, ¿no? El dinero era más que oxígeno para mí, porque veía y comprendía el sentimiento de las luchas financieras, y me abría un agujero de inseguridades en mi interior. Estar bien económicamente me daba consuelo y orgullo, sobre todo poder ayudar a mi familia, lo que me daba aún más seguridad y confianza en quién era.

Yo era *la Sra. Arregla-Todo*. Cuando la gente tenía un problema, acudía a mí. Cuando alguien necesitaba consejo, le ayudaba aunque no me lo pidiera. Los problemas eran como puzzles que tenía que montar. Me enorgullecía de solucionar mis problemas, de luchar mis batallas en y de mantenerme a mí misma. Rara vez, muy rara vez, pedía ayuda porque no quería ser una molestia. Pero lo más honesto es que, cuando pedía ayuda, no la recibía, lo que confirmaba aún más mis creencias de que tenía que hacerlo todo por mí misma.

Oír frases como: "Oh, Breanna lo logró", "Ve a preguntarle a Williams" y "Siempre puedo confiar en ti" hizo que admitir que necesitaba ayuda me resultara aún más difícil. Sufrí en silencio hasta que solucioné mis problemas y seguí adelante como me habían enseñado: **una mujer negra orgullosa e independiente.**

Pero aún así, me faltaba algo.

La religión y la familia eran desencadenantes porque yo tenía opiniones diferentes. Mi religión no tenía sentido para mí. Era ese niño con 1.001 preguntas y nunca tenía miedo de preguntar.

Pero a medida que crecía, me di cuenta de que nunca respondían a mis preguntas; los profesores sólo daban vueltas a ellas con la esperanza de que lo dejara pasar y siguiera su ejemplo. Así que fingí durante el mayor tiempo posible y obedecí porque no quería ir al infierno. Pero al cabo de un tiempo, me quebré y dejé de creer en Dios y en la religión por completo. Me sentía a gusto. Pero me sentía juzgada por los demás cuando les decía que no iba a la iglesia ni creía en todas esas cosas. Pero seguía sintiéndome a gusto. Ocurren cosas buenas y malas. Así es la vida. Si trabajas duro y tratas bien a la gente, tendrás éxito.

Pero aun así, me faltaba algo.

Por fin tenía una relación fantástica, o eso creía. Matrimonio, viajes, bebés y envejecer juntos eran los temas. Hacíamos planes para el futuro, y yo estaba muy contenta porque ¡por fin había conocido al amor de mi vida!

¡Sí,
Señor!

Pero.

En el fondo, no era algo fantástico. Estaba triste.

Trabajé duro para que funcionara. Cambié esto e hice aquello, pero nada funcionaba.

No puedo tener otra relación fallida. Tengo treinta y uno.

Quizá estoy exagerando.

Estoy otra vez sobrepensando todo; déjalo fluir.

Cuando me separé de la Marina, monté un negocio, trabajé muy duro, traté bien a la gente y llegué a ser rentable. Comprendía los riesgos, así que hice lo de siempre: prepararme para lo peor. La Sra. Arregla-todo comprendió que la preparación era clave. Antes de separarme, tenía importantes ahorros y acciones, y por supuesto, si trabajaba tan duro como en la Marina para mí, ¡seguro que tendría éxito!
Pero al cabo de un tiempo, los riesgos se convirtieron en luchas.

Mis finanzas se agotaban más rápido de lo que ganaba dinero, y ya no podía ayudar a mi familia y, en muchos casos, ayudarme a mí misma.

Bien, es hora de encontrar un trabajo. Soy una veterana de la Marina con toneladas de experiencia, y a los empresarios les encantará tenerme.

Solicitud de empleo tras solicitud de empleo. Entrevista de trabajo tras entrevista de trabajo. Incluso solicité trabajo en comida rápida y en la tienda Family Dollar, y me dijeron que no.

Oh, ¿cómo era posible?

Trabajé mucho. Era una buena persona. Trataba bien a los demás. ¡Pero estaba fracasando! ¿Por qué no podía arreglarlo? ¡Pensaba que era mejor que esto!

Me dijeron que la razón por la que no ganaba en la vida era que mi identidad no estaba alineada con mis objetivos.

Hmmm. Entonces, ¿cómo puedo cambiar mi identidad? ¿Qué necesito cambiar?

¿Quién soy realmente?

Lo triste es que la persona que me dijo eso no sabía cómo ayudarme porque no había aprendido quién era. Pero una cosa es cierta: Dios utiliza todo y a todos.

Leí libros, escuché podcasts y seguí luchando por no encontrar la respuesta hasta el momento en que me enteré,

Estás preguntando a la persona equivocada quién eres. En lugar de eso, ¿quién dice Dios que eres?

Pregunté a la gente y a mí misma en lugar de al Creador, Dios.

Soy una creación que pregunta a otras creaciones quién soy, buscando validación. Mi trabajo, mi jefe, mi familia, mis amigos, mi novio, mi fuerza y mi sabiduría eran todos imperfectos, fugaces y engañosos.

Es como preguntarle a mi Nike cómo reparar mi iPhone en vez de acudir al creador.

En lugar de eso, pregúntale a Dios: "¿Quién soy?".

> Pedid, y se os dará; buscad, y hallaréis; llamad, y se os abrirá. Porque todo aquel que pide, recibe; y el que busca, halla; y al

que llama, se le abrirá

-Mateo 7:7-8

Emprendamos un viaje para aprender quién es Dios y quién eres tú para Él.

Adjunta a cada escritura hay una declaración YO SOY. A lo largo del día, medita en la afirmación junto con la escritura. ¿Cómo te sientes? ¿Con qué ideas te has encontrado? ¿Cuáles son tus pensamientos?

Tómate tu tiempo. Analiza la Escritura y tus pensamientos. Invita al Espíritu Santo a que te proporcione revelación y comprensión.

Tu Afección

¿Cuál es tu identidad actual?

¿Qué crees de ti mismo?

¿Por qué crees eso de ti mismo?

¿En qué están ancladas tus creencias?

¿Qué quieres cambiar y qué te gustaría que siguiera igual?

Génesis 1:1 (NVI)

En el principio, Dios creó los cielos y la tierra.

Dios es el Alfa y la Omega

El primer punto que encontré fue

"En el principio, Dios...".

El primer tema que se nos presenta es Dios.

Mi primer instinto fue buscar ayuda, consejo, guía y amor en los demás. Cuando eso fracasó, miré hacia dentro para proveerme, pero sacar de un pozo seco era imposible. Cuando no tengo nada más que dar, ¿entonces qué?

Mis padres saben mucho más sobre muchas cosas porque estaban aquí antes que yo. ¡Son viejos! Sin embargo, ¿cuántos años tiene Dios? Él estaba aquí antes que cualquiera de nosotros, lo que significa que lo sabe todo. Por eso, cuando yo y los demás fracasamos, Dios me sostuvo y me cuidó a través de todo.

Él estuvo ahí durante los muchos días en que me

sentí sola y fuera de lugar.

Él estuvo ahí cuando pensé que ya no había camino que recorrer; Él era la fuente.

Y si me ayudaban, sólo lo hacían porque Dios les ayudaba a ayudarme. Ellos también confiaban en Dios.

Dios es el principio.

Él es el principio de todo y de todos.

Génesis 1:3

Y dijo Dios: «¡Que haya luz!». Y la luz llegó a existir.

Dios es el Creador

El segundo punto del Génesis 1:1 es: ¿qué hace Dios? Crea.

> *En el principio Dios creó los cielos y la tierra.*
>
> -Génesis 1:1

> *Y dijo Dios: «¡Que haya luz!». Y la luz llegó a existir.*
>
> -Génesis 1:3

> *Y dijo Dios: «¡Que haya una expansión en medio de las aguas y que las separe!». Y así sucedió. Dios hizo la expansión que separó las aguas que están debajo de las aguas que están arriba. A esta expansión Dios la llamó «cielo». Vino la noche y llegó la mañana: ese fue el segundo día.*

-Génesis 1:6-8

De una manera, Dios se nos revela a través de sus creaciones (Romanos 1:20).

Todo lo que vemos como nuevo es un "descubrimiento" que ya estaba aquí, pues no hay nada nuevo bajo el sol (Eclesiastés 1:9-11).

Sin embargo, de todas las maravillas del mundo, los humanos somos sus creaciones más queridas, y de todos los humanos, Él conoce mi nombre y se preocupa por mí individualmente (Mateo 6:26-27, Juan 10:3)

Génesis 1:26

Luego dijo Dios: «Hagamos al ser humano a nuestra imagen y semejanza. Que tenga dominio sobre los peces del mar y sobre las aves del cielo; sobre los animales domésticos, sobre los animales salvajes y sobre todos los animales que se arrastran por el suelo».

Estoy hecho a imagen y semejanza de Dios

Quiero compartir algo que realmente resuena en mí: muchas veces paso por alto la profunda verdad de que soy una imagen de Dios, un reflejo de mi Padre. Él me creó para que me pareciera a Él.

Cuando me miro al espejo, veo algo más que mi propio reflejo: veo a Dios mirándome fijamente.

Cuando los demás me ven, tienen una oportunidad única de vislumbrar a Dios a través de mi existencia. Y lo mismo ocurre cuando te ven a ti: tú también reflejas a Dios.

Es muy parecido al vínculo entre hermanos. Cada hijo tiene sus propios rasgos distintivos, pero todos reflejan a sus padres de forma hermosa. Cada individuo brilla con la esencia y la personalidad de sus padres, y del mismo modo, Dios nos ha otorgado Su propia semejanza y trozos de Su personalidad.

¿No es verdaderamente asombroso? Eres profundamente amado, porque Él te diseñó intencionadamente para que le reflejaras, mostrando tu propia belleza única en el mundo.

Tu reflexión

¿Qué te viene a la mente cuando lees
que Dios es el principio?

¿Qué significa para ti estar hecho a imagen y semejanza de Dios?

¿Cómo te sientes al saber que Dios
te dio Su ADN al respirar en tus pulmones?

¿Qué sentimientos tienes al respecto?

¿De dónde proceden esos sentimientos?

¿Qué ideas, creencias o enseñanzas
cuestionan que esto sea cierto?

¿Empiezas a ver lo importante que eres
para Dios?

Génesis 2:7

Y Dios el Señor formó al ser humano del polvo del suelo; entonces sopló en su nariz aliento de vida y el hombre se convirtió en un ser viviente.

Dios es mi Padre

Dios no sólo me creó a Su imagen y semejanza, sino que también me dio Su ADN.

Ama a los seres humanos más que a ninguna otra creación.

Soy una parte de Dios.

Dios es mi Padre.

Génesis 2:25

En ese tiempo el hombre y la mujer estaban desnudos, pero no se avergonzaban.

He sido creado para no avergonzarme

A menudo utilizamos vergüenza y culpa indistintamente, pero son diferentes. La vergüenza es sentirse avergonzado o humillado por una elección o decisión. En cambio, la culpa es sentirse apenado por un error que causa malestar a los demás.

Como ves, la culpa se centra en la acción, y la vergüenza se centra en el yo.

Como se indica en el versículo anterior, Adán y Eva se sentían completamente cómodos desnudos. Ni siquiera conocían el significado de la desnudez o la vergüenza, porque la intención de Dios no era que la experimentáramos.

—¿Y quién te ha dicho que estás

desnudo? —preguntó Dios—. ¿Acaso has comido del fruto del árbol que yo te prohibí comer?

-Génesis 3:11 (NVI)

Pues Dios no nos ha dado un espíritu de timidez, sino de poder, de amor y de dominio propio.

-2 Timoteo 1:7 (NVI)

Porque Dios no es Dios de disensión, sino de paz; como en todas las iglesias de los santos.

-1 Corintios 14:33 (RVA)

Entonces, ¿de dónde crees que vino la vergüenza si Dios no creó a Sus hijos para que la experimentaran?

—¿Y quién te ha dicho que estás desnudo? —preguntó Dios—. ¿Acaso has comido del fruto del árbol que yo te prohibí comer?

-Génesis 3:11 (NVI)

Entonces Dios el Señor preguntó a la mujer: —¿Qué es lo que has hecho? —La serpiente me engañó, y comí —contestó ella. Dios el Señor dijo entonces a la serpiente: «Por causa de lo que has hecho, ¡maldita serás entre todos los animales, tanto domésticos como salvajes! Te arrastrarás sobre tu vientre y comerás polvo todos los días de tu vida.

-Génesis 3:13-14 (NVI)

Pero ¿por qué comió Eva del árbol?

> "Pero la serpiente dijo a la mujer:
> —¡No es cierto, no van a morir! [5] Dios sabe muy bien que cuando coman de ese árbol se les abrirán los ojos y llegarán a ser como Dios, conocedores del bien y del mal".
>
> -Génesis 3:4-5 (NVI)

¿No era Eva ya como Dios? Él la creó a Su imagen y le insufló vida (Génesis 2:7). También la cuidó y pasó tiempo con ella (Génesis 2:9; Génesis 3:8).
Sin embargo, Satanás hizo que Eva cuestionara su identidad en Dios, haciéndole sentir que le faltaba algo o que Dios le ocultaba información.

Emplea una táctica similar contra Jesús en Mateo 4:1-11.

"Si tú eres el Hijo de Dios..."

-Mateo 4:2

"Si eres Hijo de Dios..."

-Mateo 4:6

"Todo esto te daré . . ."

-Mateo 4:9

Satanás intenta inducir a Cristo a dudar de su condición de Hijo y hacerle creer que le falta algo o que Dios le oculta información.

Sin embargo, ¡Cristo sabía quién era en Dios!

Tu reflexión

¿De qué te avergüenzas actualmente?

¿Cómo te ha hecho cuestionar Satanás tu identidad en Dios?

¿Qué te ha dicho para hacerte sentir menos que un hijo de Dios?

¿Qué hace falta para tener confianza en tu identidad en Cristo?

Salmo 139:13-16

Tú creaste mis entrañas;

me formaste en el vientre de mi madre.

¡Te alabo porque soy una creación admirable!

¡Tus obras son maravillosas

y esto lo sé muy bien!

Mis huesos no te fueron desconocidos

cuando en lo más recóndito era yo formado,

cuando en lo más profundo de la tierra era yo entretejido.

Tus ojos vieron mi cuerpo en gestación:

todo estaba ya escrito en tu libro;

todos mis días se estaban diseñando,

aunque no existía uno solo de ellos.

Lucas 12:7

De hecho, él les tiene contados aun los cabellos de su cabeza. No tengan miedo, ustedes valen más que muchos gorriones.

ESTOY HECHO CON TEMOR Y DE FORMA MARAVILLOSA. DIOS ME CONOCE. ESTOY HECHO CON UN PROPÓSITO.

Padre, ¡Dios me conocía incluso antes de ser concebido!

¿Te das cuenta de que la ciencia no puede comprender plenamente el misterio divino de la concepción sin la participación de Dios? Los bebés pueden llegar en un momento distinto al esperado. Además, nadie sabe cómo será el aspecto y el sonido de un bebé ni cómo será su personalidad. Pero ¡Dios lo sabe! Dios te creó en el vientre de tu madre. Te comprendió íntimamente antes de que tus padres supieran siquiera que existías. Estableció tu propósito antes de tu nacimiento.

No hay nada que puedas ocultarle, ni puedes tomarle por sorpresa. Así pues, en lugar de intentar determinarlo tú solo, ¿no sería más sensato preguntar a Dios cuál es Su propósito para ti?

Jeremías 1:5-8

«Antes de formarte en el vientre, ya te había elegido;

antes de que nacieras, ya te había apartado;

te había nombrado profeta para las naciones».

Yo respondí: «¡Ah, mi Señor y Dios! ¡Soy muy joven y no sé hablar!». Pero el Señor me dijo: «No digas: "Soy muy joven", porque vas a ir adondequiera que yo te envíe y vas a decir todo lo que yo te ordene. No tengas temor delante de ellos que yo estoy contigo para librarte», afirma el Señor.

TENGO UN PROPÓSITO. ESTOY PREPARADO.

¿Te has dado cuenta de que cada persona a la que Dios llama se siente poco preparada y reacia a cumplir su propósito?

Dios responde diciendo: "*Yo estoy contigo. Te diré lo que tienes que decir. Te protegeré. Te proveeré. Todo lo que tienes que hacer es creer e ir.*

Me di cuenta de que a veces no me sentía capacitada para ciertas tareas, así que decidí dejarlas de lado. Sin embargo, cuando se trata de una llamada divina, la misión resurge; no puedo pasarla por alto.

Una vez me topé con el dicho "Dios no llama a los

cualificados", sino que cualifica a los que son llamados, ¡lo cual me descolocó de verdad! Sin embargo, tiene algo de verdad. Al principio, puede que no me sienta equipada, pero a medida que persisto en mi fe, adquiero conocimientos, mejoro mis habilidades y, en última instancia, cumplo la misión.

Tu reflexión

¿Qué revelaciones se te presentaron al leer esas escrituras?

¿Cómo te sientes sabiendo que Dios te tejió en el vientre de tu madre?

¿Cómo te sientes sabiendo que escribió tu historia antes de que fueras concebido?

¿Te parece un honor o un reto?

¿Ves lo importante que eres para Dios?

Génesis 1:26

Luego dijo Dios: «Hagamos al ser humano a nuestra imagen y semejanza. Que tenga dominio sobre los peces del mar y sobre las aves del cielo; sobre los animales domésticos, sobre los animales salvajes y sobre todos los animales que se arrastran por el suelo».

Estoy por encima de todas las creaciones de Dios

Nos cautiva la belleza y majestuosidad de los leones, guepardos, elefantes y, por supuesto, de nuestros gatos y perros. No debemos pasar por alto las impresionantes vistas del océano y las montañas, ni los intrincados diseños de las flores y las plantas.

Dios, el creador de todo, te tiene un amor especial y profundo. Eres Su creación más preciada, hecha a Su imagen. Te valora por encima de todos los demás seres y te cuida de un modo singular y profundo.

> Fíjense en las aves del cielo: no siembran ni cosechan, ni almacenan en graneros; sin embargo, el Padre celestial las alimenta. ¿No valen ustedes mucho más que ellas?
> -Mateo 6:26

¿Murió Cristo por ti o por los animales?

Eres el centro de las creaciones de Dios.

Eres la niña de Sus ojos (Salmos 17:8).

¡Disfruta de Su amor por ti!

Tu reflejo

Tú tienes más importancia que cualquier animal o creación. Su amor por ti es tan profundo que Cristo se sacrificó por tus pecados y defectos. Cada error que has cometido y que cometerás en el futuro ha sido tratado por Cristo en la cruz. Ninguna otra creación ha recibido de Dios un amor tan incondicional.

¿Qué emociones estás experimentando ahora mismo?

Mateo 6:25

»Por eso les digo: No se preocupen por su vida, qué comerán o beberán; ni por su cuerpo, cómo se vestirán. ¿No tiene la vida más valor que la comida y el cuerpo más que la ropa?

Efesios 1:4

Dios nos escogió en él antes de la creación del mundo, para que vivamos en santidad y sin mancha delante de él.

Soy elegido

Desde el principio, fuiste elegido. Todo el tiempo formaste parte del plan de Dios, que creó todo para ti.

Cuando Dios creó a Adán y Eva, eran inocentes, libres de pecado, vergüenza o culpa. Génesis 2:25 afirma que Adán y su mujer estaban desnudos y no sentían vergüenza. Sí, puede que cometas errores. Sin embargo, recuerda que, mediante el sacrificio de Cristo, eres perdonado.

No importa lo graves que creas que son tus errores, Su perdón está siempre presente. Te invita a acercarte a Él (Mateo 11:28). La sangre de Cristo te purifica (1 Juan 1:7-9), y Él nunca te abandonará (Hebreos 13:5). ¿Aceptarás el amor que Él te ofrece?

Tu reflexión

¿Alguna vez te han enseñado a elegir a Dios antes de que Él te elija a ti?

¿Sientes que Dios te dará la espalda si no eres perfecto?

¿Cómo te sientes sabiendo que fuiste elegido desde el principio?

¿Cómo te sientes sabiendo que no importa lo que hagas o cómo te sientas contigo mismo, Dios te sigue eligiendo?

2 Corintios 6:18

Y: «Yo seré un Padre para ustedes

y ustedes serán mis hijos y mis hijas,

dice el Señor Todopoderoso».

Juan 1:12-13

Mas a cuantos lo recibieron, a los que creen en su nombre, les dio el derecho de ser hechos hijos de Dios. Estos no nacen de la sangre, ni por deseos naturales, ni por voluntad humana, sino que nacen de Dios.

Soy hijo de Dios

Al crecer sin una relación con mi padre, me perdí lecciones importantes que podrían haberme infundido confianza como mujer joven. Estoy increíblemente agradecida a mi increíble madre, pero hubo momentos en los que no tenía las respuestas que yo buscaba.

En esos momentos en que no podía comprender plenamente mis sentimientos ni ofrecerme el apoyo que necesitaba, a menudo me sentía sola y decepcionada. Después de todo, ¿no es natural esperar que nuestros padres nos conozcan por dentro y por fuera?

Reconozco que Dios me creó tanto a mí como a mis padres. Él me recuerda con delicadeza que ellos tienen sus propias limitaciones y que no pueden hacer mucho. Ellos también dependen de Él para obtener sabiduría y comprensión. Honro y aprecio profundamente a mi madre y a mi padre (Efesios 6:2-3), y tengo muy presente que mi Padre Celestial siempre está ahí para satisfacer las necesidades que mis padres terrenales no puedan satisfacer. Esta comprensión me aporta una profunda sensación de paz.

Tu reflexión

¿Has sentido alguna vez que tus padres no podían proporcionarte el apoyo que necesitabas?

¿Reconoces que Dios también les está guiando a ellos?

¿Eres consciente de que ellos, como tú, tienen sus propias limitaciones?

Reflexiona sobre cómo Dios estuvo presente en esos momentos de soledad.

¿Comprendes cómo Él encarna tanto a tu madre como a tu padre?

Juan 15:5

»Yo soy la vid y ustedes son las ramas. El que permanece en mí, como yo en él, dará mucho fruto; separados de mí no pueden ustedes hacer nada.

Soy una rama de la vid verdadera

¿Estás conectado de verdad con Cristo? ¿O soportas el peso del mundo con tus propias fuerzas?

> "Vengan a mí todos ustedes que están cansados y agobiados; yo les daré descanso" (Mateo 11:28).

La razón principal por la que me quedé exhausta y agotada espiritualmente es que confié en mi propio poder para salir adelante en la vida. Cuando todo el tiempo, Cristo me pedía que me conectara a Él, y Él me daría Su fuerza definitiva.

"Todo lo puedo en Cristo que me fortalece" (Filipenses 4:13).

Finalmente me di cuenta de que, mientras permanezca conectada con Cristo, tendré más certeza, paz y descanso, porque estoy utilizando Su fuerza, y Él no permitirá que fracase.

Tu reflexión

¿Qué cargas llevas tú solo?
¿Por qué tienes miedo de compartir tus cargas con Cristo?

Habla con Él sobre ello.

Juan 15:13-14

Nadie tiene amor más grande que el que da la vida por sus amigos. Ustedes son mis amigos si hacen lo que yo les mando.

Soy amigo de Jesús

Tus amigos han estado contigo en las buenas y en las malas y durante los altibajos. Tus amigos te desafían a hacer lo correcto y te empujan a dar lo mejor de ti mismo. Algunos amigos incluso han asumido la culpa por ti.

Sin embargo, ¿alguno de ellos te ha adorado tanto como para dar su vida por ti?

Cristo murió de la forma más penosa y vergonzosa: en la cruz. Y lo único que te pide es que obedezcas Sus mandatos, porque Él te dirá todo lo que necesitas saber sobre Dios y sobre ti mismo.

Te pide que le escuches porque Él comprende tus sentimientos, tu vergüenza, tu corazón roto y todo tu dolor. Lo tomó todo y lo clavó en la cruz.

Cristo es el enchufe.

Jesús respondió: "Yo soy el camino y la verdad y la vida. Nadie viene al Padre si no es por mí" (Juan 14,6).

Tu reflexión

¿Qué tienes en mente?
¿Tienes amigos?
¿Necesitas un amigo?
¿Qué necesitas en un amigo?
¿Crees que Cristo puede satisfacer esas necesidades?
¿Por qué sí o por qué no?

Juan 15:15-16

Ya no los llamo siervos, porque el siervo no está al tanto de lo que hace su amo; los he llamado amigos, porque todo lo que a mi Padre le oí decir se lo he dado a conocer a ustedes. No me escogieron ustedes a mí, sino que yo los escogí a ustedes y los comisioné para que vayan y den fruto, un fruto que perdure. Así el Padre les dará todo lo que pidan en mi nombre.

No soy un siervo

No eres un siervo de Dios.

Él no necesita que le sirvas en el sentido tradicional. Él desea una relación contigo, una relación basada en el amor y la comprensión, no en la servidumbre.

Una vez más, fuiste elegido. Elegido para dar fruto: amor, alegría, paciencia, amabilidad, bondad, fidelidad, mansedumbre y autocontrol (Gálatas 5:22). Como estos atributos te sirven, te hacen sentir bien y mejor persona.

Cristo lo dice para que puedas pedirle cualquier cosa al Padre.

Si fueras padre -y quizá lo seas-, querrías lo mejor para tus hijos, y querrías que te pidieran todo lo que quisieran. Si sus peticiones les sirven, tú las cumplirás, ¿verdad?

El Padre quiere que seas Su hijo, que aceptes Su amor y que le permitas cuidar de ti.

Lo mismo que tú quieres para tus hijos.

Tu reflexión

¿De qué manera te esfuerzas por servir al Padre?

¿Sientes que debes demostrar tu valía?
¿Por qué te sientes así?
¿Qué quieres y necesitas de Dios?
Confía en que Él te lo proporcionará.

Romanos 3:23-24

Pues todos han pecado y están privados de la gloria de Dios, pero por su gracia son justificados gratuitamente mediante la redención que Cristo Jesús efectuó.

Soy justificado por Su gracia

Misericordia - Merecer el castigo y no recibirlo.

Gracia - No merecer nada y, sin embargo, recibir una bendición.

Cristo te amó tanto que, aunque no hiciste nada para merecerlo, dio Su vida para que vivieras una vida libre de vergüenza, remordimientos, culpa y miedo.

Por SU GRACIA, eres redimido.

Por SU GRACIA, eres justificado.

Tu reflexión

Haz una lista sincera de los errores que aún no te has perdonado.

Reflexiona sobre cómo te han llamado los demás y las cosas que han dicho de ti. ¿Cómo moldearon estos comentarios tus creencias sobre ti mismo?

Considera la identidad que adoptaste como resultado.

Cuando vuelvas a revisar tu lista,

recuérdate a ti mismo con suavidad

Sí, he cometido errores, pero mi Padre me ama de verdad, por eso me ha perdonado y me ha concedido su gracia.

ESTOY REDIMIDO.

ESTOY JUSTIFICADO

Romanos 8:1-2

Por lo tanto, ya no hay ninguna condenación para los que están en Cristo Jesús, pues por medio de él la ley del Espíritu de vida te ha liberado de la ley del pecado y de la muerte.

No estoy condenado

En Cristo Jesús no estoy condenado. Puesto que en Él no estoy condenado, dejaré de condenarme.

¿Ha llegado el momento de iniciar el proceso de curación y perdonarte a ti mismo? ¿De dejar de castigarte? Cristo no te condena.

Tu reflexión

El Padre te ha dado GRACIA.
El Padre no te condena.
Estás perdonado.
¿Qué debes perdonarte?
¿A qué te aferras todavía?
Paso a paso, pedazo a pedazo, ¿lo pondrás sobre el altar y lo dejarás ir?

Romanos 8:14-17

Porque todos los que son guiados por el Espíritu de Dios son hijos de Dios. Y ustedes no recibieron un espíritu que de nuevo los esclavice al miedo, sino el Espíritu que los adopta como hijos y les permite clamar: «¡Abba! ¡Padre!». El Espíritu mismo asegura a nuestro espíritu que somos hijos de Dios. Y si somos hijos, somos herederos; herederos de Dios y coherederos con Cristo, pues si ahora sufrimos con él, también tendremos parte con él en su gloria.

Soy un niño de Dios.

Soy un hijo de Dios.

Soy una hija de Dios.

Soy un heredero de Dios.

Fuiste adoptado de la ley del pecado.

Porque Cristo vino a la tierra, se vistió con tu pecado, lo clavó en la cruz y dijo: "Consumado es" (Juan 19:30).

Tu adopción se selló en la cruz para ser uno con Dios, uno con tu padre, "Abba" (Romanos 8:15).

Todo lo que Dios siempre quiso hacer fue ser tu padre y estar contigo. Eso es lo que hizo con Adán y Eva en el Jardín del Edén. Eran sólo ellos y el Padre, cada día en armonía. Y eso es lo que el Padre quiere hoy contigo a través del Espíritu Santo:

El Espíritu Consuela (Juan 14:16).

El Espíritu aboga (Juan 14:16 NVI).

El Espíritu Discierne (Juan 14:17).

El Espíritu habla (Juan 16:13).

El Espíritu guía (Juan 16:13).

Tu reflexión

Eres hijo de Dios.
Eres hija de Dios.
No estás solo.
El Padre no está tan lejos como crees que está.

2 Corintios 5:17

Por lo tanto, si alguno está en Cristo, es una nueva creación. ¡Lo viejo ha pasado, ha llegado ya lo nuevo!

Soy una nueva creación

La idea de empezar de nuevo, de dejar atrás el pasado y reconocer que ya no te define, puede ser un profundo reto para todos, incluido para ti mismo.

A menudo tenemos la creencia de que debemos expiar nuestros errores, de que la justicia debe prevalecer y de que somos responsables de enmendar nuestros errores para crear mejores resultados.

Pero ésta es la verdad: ya no eres esa persona.

Una vez que aceptaste a Cristo, te convertiste en una nueva creación a Sus ojos.

¡Acepta esta transformación! Es un hermoso regalo de gracia y renovación.

Tu reflexión

¿A qué te aferras en tu pasado?

¿Cuánto tiempo llevas trabajando para

arreglar los pedazos rotos o

demostrarte a ti mismo y a los demás

que has cambiado?

¿Qué hace falta para comprender

que nada de lo que hagas acabará con

el amor que Dios te tiene?

¿Qué hace falta para vivir en la verdad de que tus defectos -pasados, presentes y futuros- han sido clavados en la cruz y perdonados?

¿Qué puedes hacer hoy para

dar un paso hacia la verdad de que eres

una persona nueva?

1 Corintios 15:56-58

El aguijón de la muerte es el pecado y el poder del pecado es la Ley. ¡Pero gracias a Dios que nos da la victoria por medio de nuestro Señor Jesucristo!

Por lo tanto, mis queridos hermanos, manténganse firmes e inconmovibles, progresando siempre en la obra del Señor, conscientes de que su trabajo en el Señor no es en vano.

Soy victorioso

Cristo ha vencido a la muerte y te ha dado la victoria sobre:

El pecado

La vergüenza

La culpa

El miedo

La angustia

La decepción

La tentación

Espíritus malignos

Enfermedad

Pues Dios no nos ha dado un espíritu de timidez, sino de poder, de amor y de dominio propio (2 Timoteo 1:7).

Tu reflexión

¿Qué estás intentando superar en este momento?

¿Te sientes impotente y derrotado?
¿Intentas hacerlo tú solo, confiando únicamente en tus propias fuerzas?

¿Por qué?
Todo lo puedo en Cristo que me fortalece (Filipenses 4:13)

¿Le has pedido a Cristo su fuerza?
Pídesela ahora, y acepta la ayuda que te proporcione, sin importar el envoltorio.

Romanos 8:35-39

¿Quién nos apartará del amor de Cristo? ¿La tribulación o la angustia, la persecución, el hambre, la desnudez, el peligro o la espada? Así está escrito:

«Por tu causa siempre nos llevan a la muerte;
¡nos tratan como a ovejas para el matadero!».

Sin embargo, en todo esto somos más que vencedores por medio de aquel que nos amó. Pues estoy convencido de que ni la muerte ni la vida, ni los ángeles ni los demonios, ni lo presente ni lo por venir, ni los poderes, ni lo alto ni lo profundo, ni cosa alguna en toda la creación podrá apartarnos del amor que Dios nos ha manifestado en Cristo Jesús nuestro Señor.

Soy más que un conquistador

Ninguna fuerza puede separarte realmente del amor de Dios. Recuerda, ningún individuo, entidad maligna o situación desafiante tiene el poder de alejarte del amor nutricio de tu Padre.

En tiempos difíciles, cuando el peso te parezca abrumador, aférrate a esta promesa. Cuando te parezca insoportable, apóyate en la seguridad de que, gracias al amor de Jesús, tienes la fuerza para sobreponerte y eres más que vencedor.

Tu reflexión

Enumera las cosas, personas, situaciones, dificultades y miedos que te preocupan.

Declara que, por el amor de Jesús, tú

¡véncelos a todos!

Filipenses 4:19

Así que mi Dios les proveerá de todo lo que necesiten, conforme a las gloriosas riquezas que tiene en Cristo Jesús.

Soy atendido

Todo lo que necesitas, Dios te lo ha provisto. Incluso los deseos de tu corazón, todo lo que tienes que hacer es pedírselo al Padre, y Él te lo proporcionará. Como cualquier buen padre, Dios quiere cuidar de ti.

Si crees, recibirás todo lo que pidas en la oración (Mateo 21:22).

Pedid y se os dará; buscad y encontraréis; llamad y se os abrirá la puerta (Mateo 7:7).

¡Cuánto más vuestro Padre que está en los cielos dará buenas dádivas a los que se las pidan! (Mateo 7:11)

Tu reflexión

El Padre te proporciona todo lo que necesitas o deseas. Sólo tienes que aceptarlo.

¿Hay algo que te impida aceptar las promesas que el Padre te hace?

Apocalipsis 22:21

Que la gracia del Señor Jesús sea con todos. Amén.

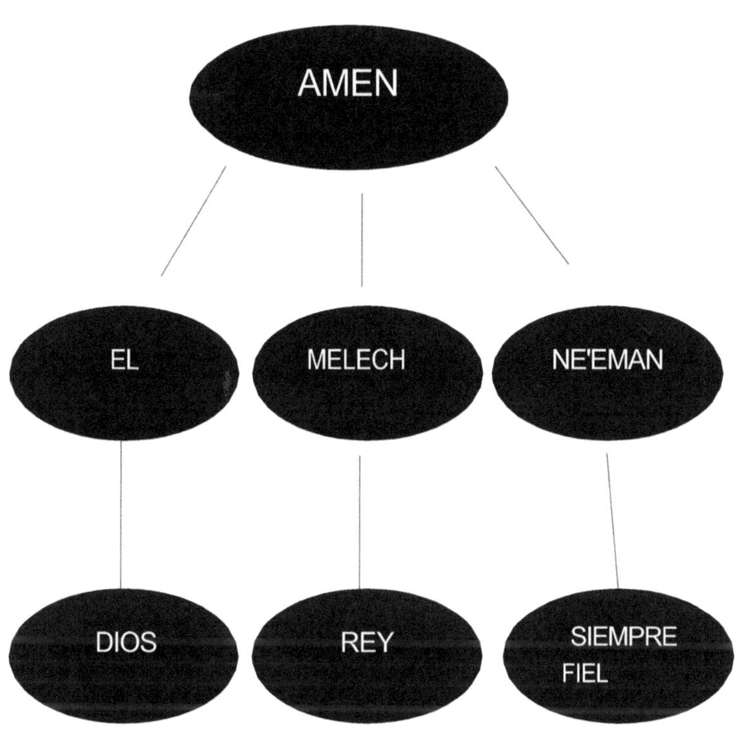
AMEN
EL
MELECH
NE'EMAN
DIOS
REY
SIEMPRE
FIEL

Alfa y Omega

La palabra "AMÉN" no es sólo un término que utilizamos; tiene profundas raíces en hebreo, y simboliza algo profundo. Durante mucho tiempo pensé que Amén sólo indicaba acuerdo en la oración, pero encarna una poderosa declaración: "Dios es el Rey que provee y es inquebrantable en la fe".

Cuando reflexiono sobre las innumerables formas en que Dios me ha bendecido, descubro que mi lista no deja de crecer. Hay una fatiga tangible que se instala mientras escribo, pero las bendiciones siguen inundando mi mente.

Su amor por mí brilla en cada prueba, demostrando incesantemente que Él es el padre que necesito. Incluso en ausencia de mi padre biológico, siempre he sentido Su presencia nutriéndonos y guiándonos a ambos.

En los momentos de duda, Él cree en mí, incluso

cuando no puedo ver el potencial que hay en mí. Su amor por mí comenzó mucho antes de que yo existiera.

Desde el comienzo de la Biblia hasta su conclusión, Dios es la piedra angular de todo.

Dios es Alfa: el principio (Génesis 1:1).

Dios es Omega: el fin (Apocalipsis 22:13).

Comprender que Él estaba presente antes de mi existencia y que existirá eternamente me aporta una inmensa paz y seguridad al abrazarle como mi padre.

Tu reflexión

Todo lo que necesitas o deseas, el Padre te lo proporciona. Sólo tienes que aceptarlo.

¿Hay algo que te impida aceptar las promesas que el Padre te ha hecho?

SOY HIJO DE UN REY

Innumerables escrituras demuestran la profunda historia de amor tejida a lo largo de la Biblia, que ilustra el amor de un Padre por Sus hijos. Mientras recorres tu camino como Hija del Rey, tómate un momento para relacionarte con el Padre. Pídele que se te revele de un modo que sientas claro y tangible, y observa cómo resuenan y aparecen las escrituras en tu propia vida.

Él desea pasar momentos de calidad contigo, cuidar de ti y colmarte de amor. Se trata de estar conectado contigo, como un Papá cariñoso.

Eres increíblemente importante para Él, tanto que continúa bendiciéndote abundantemente, independientemente de que te sientas merecedora de estos regalos. ¿Por qué lo hace? Sencillamente porque eres Su hijo o hija. Eres un hijo muy querido del Altísimo, el Señor de Señores y el Rey de Reyes.

Puesto que el Padre te creó, cuanto más profundices en aprendiendo sobre Él, más profunda será tu comprensión de ti mismo.

Recuerda que eres un Hijo del Rey.

www.ingramcontent.com/pod-product-compliance
Lightning Source LLC
LaVergne TN
LVHW010925110826
845149LV00013B/2489

* 9 7 9 8 9 9 2 8 1 4 8 2 8 *